달을 닮은 둥등

신희목 제5시집

달을 닮은 등

신희목 제5시집

당신이 보고 싶은 날
하늘을 바라보았습니다
당신은 달을 닮았고
나는 달 닮은 등 하나 만들겠습니다

自序

또 한 걸음을 내디뎌 봅니다.

세월의 강물이 흐르고
말없이 구름이 흘러갑니다.

강물에 발 담그고 구름을 보며
자연이 주는 구김 없는 마음의 안식으로
심장이 고동치는 계절을 사랑하며…

함께하는 그대
귀한 인연에 감사합니다.

사랑합니다.

2024년 가을

木耳 신 희 목

 차례

自序 … 5

1부
간 맞추기

꽃길	12
비의 단상	13
불터	14
세상을 만드는 힘	15
간 맞추기	16
불꽃	17
바람으로 잠들다	18
위대한 위로	19
여백	20
빗면에서	21
홍시의 변	22
솟대의 침묵	24
푸석푸석	25
별과 바람과 그대	26
잠시	27
쿨럭쿨럭 마저 그리운 밤	28
시화호	30
가을을 만지작인다	31
시월의 마지막 밤	32
사랑이어라	33

2부
꼭짓점을 찾아서

그리움의 계산법	36
늘 심장은 따뜻했다	38
피어나라	40
허허	41
무릉도원(武陵島苑)으로 가자	42
달빛 넘치는 호수	44
커피와 사랑의 온도계	45
가을	46
나이테	47
꼭짓점을 찾아서	48
마음으로 피는 꽃	49
산다는 건	50
가을 엽서	51
병상 일기	52
뫼비우스의 띠	53
못난 놈	54
빗소리 변조	56
열대야	58
반딧불이 생을 엿보며	59
스며들다	60
비와 그리움의 상관관계	61

 차례

3부
너만 좋으면 돼

내 안에 너	64
눈물 버금가는 노래	65
넉넉한 사랑	66
덥석	67
늘 그랬듯이	68
짧거나 길거나(2월)	69
홍매(紅梅)	70
입춘의 기도	71
그까짓	72
흠, 흠	73
핑계	74
산수유 화담	75
당구(撞球) 한 판	76
너만 좋으면 돼	77
높이 날지 말자	78
버들강아지	79
추앙하라	80
그대는 꽃	81
찬란한 약속	82
가난한 사랑	84

4부

네가 좋다

바람이 분다	86
네가 좋다	88
가을이라니	89
추(秋)	90
지나간 여름의 기억	91
바람의 노래	92
계절의 두물머리쯤	94
추분(秋分)	95
달을 닮은 풍등	96
이렇게 바람 불어 좋은 날에	98
개밥바라기	99
배롱나무 아래엔	100
생일	101
가을을 알립니다	102
훨훨	104
비멍	106
마냥 좋은 날	107
통점(痛點)	108
여정(旅程)	109
고맙소	110
장미의 가시	111

 차례

5부
사노라니

출항	114
네가 필요해	115
그대랑	116
꽃비 내리는 날	117
등	118
난독증	119
환장	120
소식	121
바람의 상흔(傷痕)	122
어떤 약속	124
울렁증	125
오지게도 피었다	126
꽃이 피었다	127
봄 사용법	128
사노라니	130
오늘 아침은	131
사랑합니다	132
장미의 세레나데	133
달의 부활	134
몰래 끼워 넣은 문장	135

1부

간 맞추기

꽃길

우리 가는 길

곧은 길만 있으랴
평지 길만 있으랴

그래 그래도

너에게로 가는 길
늘 꽃길이라 믿을게

비의 단상

비가 내린다
조용히
젖은 그대의 음성을 닮은

비에 젖는다
고요히
귀 안에 맴도는 달콤한 언어

비가 찾는다
오늘도
비에 익은 이름 한 토막에 밑줄

비에 젖었다
흥건히
마음 일렁이는 비가 내린다

불티

냉정과 열정 그 사이쯤
한 줄기 강물이 흐르고
부표 없이 떠도는 심장 하나 있어

어디로 가야 하나
어떻게 가야 하나

오래된 골목길에서 본
낡은 흔적이 남아있는 건
붉은 태양에 눈멀지 않은 가슴이지

어디에 있나요
언제쯤 오시나요

스치듯 바람에 전한 말
숨죽여 기다리던 불티는
거친 찬바람의 모진 시기심에도

오롯이 다시 타 오를 테니까

세상을 만드는 힘

그대 기쁨을 찾았는가
그대는 기쁨을 주었는가

기쁨의 반대말은
슬픔이 아니라 절망이라 하지요

세상을 만드는 힘은 사랑이랍니다

조금 느린 듯해도 기다려 주겠니
조금 무딘 듯해도 믿어줄 수 있겠니

나와 함께 하자
네게 그런 날을 부탁해

간 맞추기

이렇게 비가 내리는 날엔
싱거워진 하루에 간을 맞추자

따끈한 마음을 솔솔 넣어
다정스러운 얘기를 나누면
조금은 맛깔스러워지지 않을까

그래도
그래도 싱거워진다면
남몰래 숨겨 놓았던 그리움
눈물 한소끔 털어 넣지 뭐

짭짤한 목을 따라 비는 내리고
마음 자꾸 싱거워지는 날에

불꽃

타닥타닥

별을 찾아 하늘 가는 소리

가볍고 깨끗해야
갈 수 있는 저 먼 곳으로

비우고 또 비우고
가벼워지려 자꾸만 타오른다

붉게 타오르다 재가 되어
이제 너의 별로 갈 수 있니

한 가닥의 연기 뒤편
별 하나 눈빛이 흐리다

쿵쿵거리는 가슴이 뜨겁다

타닥타닥

바람으로 잠들다

또 바람이 분다

눈밭을 달린 바람은 차다

녹록지 않은 세상
그저 쉬운 게 어디 있겠어

불다가
울다가 지치면
찬바람 뒤 봄바람 올 터

네 생각 하면서

오늘은 바람으로 잠들겠다

위대한 위로

사랑해
그 따뜻한 한마디

작은 영혼
감싸주는 목소리

무딘 듯
울림을 주는 쇠북의 소리 닮아
심장 뜨겁게 하고

비워야
청아해지는 목어의 소리 같아
가슴은 떨려 왔어

넌 나에게
위대한 위로였다

사랑해
그 행복한 이야기가

여백

이제는
무시로
마음 비워놓자

이런 일
저런 일 모두

사랑도
미움도
쉬어갈 수 있게

행복을
위한 여백으로

빗면에서

수평과 수직의 틈바구니
존재를 찾아가는 일 벅차다

수평을 벗어난 덜그럭임
빗면에서 홀로 꾸는 너만의 꿈

우려를 유발하는 연민
기울기에 착생하려는 안간힘

작은 바람결 앞에서도
나뭇잎은 일렁이고 출렁이고

늘 모호한 너의 생각은
애매한 너의 걸음은 어디에

시계추의 어지럼증 벗고
수평의 고요를 찾는 날이다

홍시의 변

겨울이 간직한 젖은 눈물은
잠들지 않는 바람 때문에
하얀 꽃이 되어 서러운 밤이었어

둥근 등걸을 타고 앉은
서리꽃은 또 무엇이란 말인가

주황빛 살점에서 피어난 눈물 꽃
그래도 잊지 못하는 해를 닮은 미소

표피에 주어지는 질곡의 아픈 사랑

아침이 삐걱거리며 문이 열리고
부산스러운 발걸음 소리 높아지는
정오의 시각을 알리는 시곗바늘의 외침

짤막하게나마 퍼지른 햇살 안아
지긋하게 눈을 감은 너는
참았던 뜨거운 눈물을 흘리려는가

하얀 눈꽃에 밤을 버텨온 날
말끔하게 차려입고 그 사람 기다릴래

참고 기다린 아름다운 사랑아
그대 자분자분 오세요

솟대의 침묵

오리 한 마리
두 마리, 세 마리
동구 밖으로 머무는 눈길

오리, 오리, 오리,
시오리 길
그대 오시는 머나먼 길

퇴화한 날개
접고 앉아서
오늘도 대답이 없는 기도

당신의 따뜻한 정 하나만

푸석푸석

푸석푸석

바람 한 점 없는데
뉘 오는 이도 없는데

푸석푸석

가을이 남기고 간
길을 잃은 갈잎 위에서

푸석푸석

누구인가 귀 기울이니
내 가슴의 요동이었어라

별과 바람과 그대

별빛은
밤이 오니까 더
빛나잖아

바람이
불어닥치니 더
추워지잖아

그대야
저 별과 바람에
오늘이 가잖아

물억새
끝자락에 매달린
비명 같은 그리움

잠시

무엇이
그리도 바쁘신가요

파란 신호
오기도 전에
경적소리 울리는 차

벌써부터
계절 옷 사러
줄지어 선 백화점 앞

잠시
쉬어가도 좋을 텐데

쿨럭쿨럭 마저 그리운 밤

어둠을 짊어지고 누운 아랫목
쿨럭쿨럭 잔기침 소리 높아지니
아귀 맞지 않은 봉창 문 몸살을 하더라

삼동 그날 밤도 문풍지는 울었었고
담장 가 대추나무에 걸린 하얀 달은
웃는 건지 우는 건지 가늠이 어려워
희미해지는 달무리 따라 쿨럭이셨어

명멸하던 불꽃의 야성은 소멸하여
사그라지는 군불이 앉은 아궁이
하얗던 재는 바람에 먼지가 되었고
주소마저 바뀌어 헐렁거리는 부엌문

업둥이처럼 다가온 냉랭한 불청객
응시하는 창 넘어 밤은 농익어가고
마음 한켠 쿨렁쿨렁 시냇물이 흐른다

오늘은
왠지 쿨럭쿨럭 잔기침 소리마저
아스라이, 불현듯 당신이 그립습니다

시화호

어느 날
서해 한 곳
바닷물 길을 막아

바다를
닮은 호수
시화호 이름하네

오늘 밤
둥근 달님이
호숫가에 앉았다

가을을 만지작인다

오늘을 가만히 만지작인다

하얗게 하루를 소진한 해가
마지막 붉은 황금빛으로

쇠잔한 삶이 거기에 있고
살아가는 오늘이 그곳에 있어

가을 하나
낙엽 한 장
그리움 한 줌
사랑 한소끔 만지작거려 본다

붉음을 더하던 노을 자락은
검게 타버리듯 모습을 감추고

사라져간 사연의 푸념이
어둠 도사린 골목에서 서성이며

살며시 손전화를 만지작인다

시월의 마지막 밤

나는 왜
카렌다 한 장
넘겼을 뿐인데

너는 왜
10월이 간다고
서러운 달이래

그런 거니
시월이 나보다
더 중요해

사랑이어라

가을을
사랑하는 그대
이미 눈망울엔 별이 총총해

슬픔을 걷어내고
외로움을 덜어내요
두 손 꼭 잡은 마음 하나로 해요

어둠 속에서도
빛나는 두 눈 반짝이니까
당신의 모습은 늘 찾을 수 있어

해와 달
별이 존재하는 한
사랑은 변하지 않아, 사랑해

2부
꼭짓점을 찾아서

그리움의 계산법

가을이라지요

겨울, 봄, 여름 다 지나가도록
그리 무던히도 잠잠하더니
어느 날 잎새 하나 떨어진다 하니

마음이 스산하고
가슴이 시리다는 이유가
그리움(longing)이란 병이라면서

처방을 해야지요
그리움의 농도에 따라 말이에요

참 계산이 어려운 걸요
농도의 측정을 어떻게 해야 하나요

그램(g), 씨씨(cc), 리터(l)

그리고 알파를 더 할까요
루트로 나누어야 할까요
얄팍한 가슴으로는 참 난감합니다

가슴으로 앓는 병 가을이라니
그리움의 처방은 무엇인가요

지나고 나면 이 또한 행복이라겠지요

늘 심장은 따뜻했다

겨울이 온다는 걸 누가 말했나
용하게도 알아채 버린
벌과 나비는 어디로 갔을까

검은 구름은 보이지를 않았어

쉬지 않는 노을의 걸음에서
잃어버린 세월을 낙조라 하네

그래도
쇠약해진 늑골 사이
아직은 따뜻한 심장에 핀 꽃 하나

아픔과 슬픔에서 건진
진저리 치면서 얻은 전리품

낙엽 사르는 밤에는 더욱 빛나는 걸요

사람아
가을이면 어떻고 겨울이면 어때
언제나 심장은 따뜻하고 꽃은 피고

피어나라

긴 행렬
무수한 꽃의 수다가 지나가고

꽃이 진다고
꽃이 졌다고
울적해한 사람 있었나요

꽃보다
더 진하고 아름다운
울긋불긋 단풍으로 피어나요

얄궂은 바람이 또
속절없이 흔들어 대겠지만

그래도
가슴 깊은 속정은
그대로 피어난 사랑이랍니다

허허

바
람
이

허허로이
흐른다

내
마
음

허허로이
웃는다

너도나도
가을이 좋아
말문이 막혀 버렸다

무릉도원(武陵島苑)으로 가자

저 넓은 대양의 물결을 갈라
만방의 응원과 격려를 받으며
힘찬 물질하는 고래 한 마리
그리운 것에 대한 길을 나선다

천상에서 보내는 주파수를 해독
경도 131, 위도 37, 꼭짓점이다
좌표를 향한 속력을 더한다

아버지가 아들을 낳고
그 아들이 또 아버지가 되고
아들을 낳고 아버지가, 아들이
그, 그, 그 아들이 무릉을 찾는다

아버지의 아버지의. . . 아버지가
하늘과 숨바꼭질하면서 살던 곳
탐라와 우산은 태어나기도 전
온전한 무릉은 천혜의 고향이었다

동해의 맑은 물 두 눈 더 밝아지고
햇빛 받은 등지느러미 솟구친 힘

내가 살아가고, 노래하고
근심 걱정 없는 내 나라 내 땅
거역할 수 없는 진리 앞에서 우리
두 주먹 불끈 당당하게 살아가리라

여명이 오기 전 칠흑의 밤을 넘어
미소 머금고 무릉도원을 노래하자
만고불변 길이 빛날 독도를 위하여

* 무릉(武陵) : 현재 독도의 옛 지명
  우산(宇山) : 현재 울릉의 옛 지명
  탐라(耽羅) : 현재 제주의 옛 지명

달빛 넘치는 호수

아침 지나가는 바람의 등걸에
갑자기 그대 생각을 하였습니다

창문 너머 바스락 낙엽 소리
그대가 오는 소리인가 하였습니다

그대라는 한 음절에도 마냥
이 가슴이 붉기만 하답니다

그대 생각에 물 들어가는 오늘입니다

어김없이 찾아오는 또 하나의 밤
달빛 넘치는 호수에는 야화가 피어
밤을 빌어 나누는 농염한 밀회

낙엽이 소환하는 잔물결 호수
뒤안길로 숨죽인 바람이 지나가고
생각의 주름살은 자꾸만 늘어납니다

커피와 사랑의 온도계

한여름 지나가는 소나기 뒤
얄궂은 속마음 그대로는 어색해
그냥 툭 튀어나오는 한마디

우리 커피 한잔하실래요

이리 궁리하고 저리 생각해도
자질구레한 구실밖에 없었어
참을 수 없어서 전해보는 문장

지금 커피 타임이랍니다

태양을 피한 그늘에 자리하고
빨간 외눈박이가 진저리 치면서
마주한 커피잔 이미 뜨겁다

사랑의 온도는 몇도인가요

가을

오라, 오라 할 때는
온다, 온다 하더니 성큼
당신이 좋아하는 가을이랍니다

진득거리던 바람은
지나가던 강아지가 먹어버린 모양
부서지는 햇살에 눈이 부시네요

아침을 맞는 사람들
넓은 교차로를 건너 오가고
당신의 가을이 또 깊어지려 합니다

다 전하지 못한 말
하나둘 사연 묻은 이 가을
큼지막한 행랑에 가득 담으렵니다

나이테

느긋하게 노닐던 꽃과 나비
땅뺏기 놀이는 멈춰야 할 시간
찬 바람이 훅 들이닥치니까

창은 닫는다고 닫아봐야
연신 침입하려는 바람의 촉수

검은 침묵으로 묻히는 밤
더욱 세찬 시련을 지나치며
이 가을 지나면 돌아올 계절에

보이지 않는 틈 사이로 난 퇴로
곰삭은 슬픔이 뒤따르고

밤은
하얗게 그리움으로 앓은 뒤
잔인한 나이테 하나 굳어질 터

꼭짓점을 찾아서

당신의
하루는 늘 길었고
나의 하루는 무척이나 짧았다

바쁜 하루의 길 위 헤매일 때
휑한 바람은 레일 길 바라보았어

끝을 알 수 없는 평행선
언제나 기다리는 사람만 도사리고
가물거리는 뒷모습 일렁거렸었지

오늘도 휘청이며 저 길 가다 보면
꼭짓점은 있기나 하는 걸까

닿을 듯
닿을 듯 마주치지 않는
긴 두 선로에는 또 바람이 분다

마음으로 피는 꽃

사시사철 피는 꽃은
너와 내가 간직한 사랑 꽃이야

냉혹한 겨울의 시샘에
꽃이 졌다고 얘기들을 하지만
꾸덕꾸덕하게 감싸안은 사랑인 거야

빗방울 잦아진 날 풀 향기
또 가슴이 설레인다 하지만
말랑말랑 포근해진다는 사랑인 거야

우리 마주하는 오늘이
따뜻한 가슴에서 피는 마음 꽃이야

마음에 피어난 꽃은
사랑에 대하여 결코
구걸하거나 원망하지를 않아

산다는 건

그대야
오늘 하루
어떻게 지냈나요

자네는
하루 종일
잊으신 건 없는가

사람은
늘 넘어지고
실수하며 산다지

가을 엽서

후줄근하던 여름 속에서
한바탕 소낙비가 지나갔더랬어

하얗게 빛바랜 갈림길을 걸었어

한 줄기 바람이 또 따라 지나가고
어, 뭔가 변해버린 것 같아

여름의 비린내가 느껴지지 않아
한결 가벼워진 느낌은 뭐지

잠깐 지구가 졸았나 보다
그 사이 계절은 만남과 이별을 하고

머지않아 낙엽이 서성이겠다

어쩌면 창 열어놓은 하얀 방에
가을 엽서 한 장 올지도 모르겠다

병상 일기

하얀 사각의 틀, 벽, 면
저 모서리가 아직도 낯설어서
눈 뜨면 어리둥절하는 모습

가느다란 외줄로 시간이 뚝뚝 흐른다

겹겹이 둘러싸인 하얀 성
높은 외벽을 타는 담쟁이 이미 다 자라
붉게 물들면 가을이라 노래하겠지

마음대로 소리칠 수 없는 노래
올가을에는, 낙엽이 오는 즈음에는
비뚤거리는 음표라도 그렸으면 좋겠다

생소하고 웃기는 이름표 길랑바레 달고

가을을 향해 치닫는 하늘이 보고 싶어
주름진 마음에 흘러내린 커튼을 열자는
여린 목소리는 이미 가을이다

뫼비우스의 띠

어제와 오늘은
오늘과 내일의 관계는
늘 미묘하게 이어지는 무한대

돌고 부딪히고 소란스러움에서
아무리 둘러봐도 찾을 수 없는
그 시작과 끝은 어디에

분단선은 필요치 않아
교차점도 종착점도 표기가 없는
끝이 없는 사랑이었음 하지

늘 똑같은 앞과 뒤
영원히 멈추지 않고 이어지는
뫼비우스 띠 같은 사랑을

못난 놈

팔월도 홀렁 꽁지를 향한 밤

외로운 가로등 하나 마주 보고
무슨 놈이 어떻게 저리 울지
츠츠르르 치치리리 쓰르릉
여름밤만이라서는 아닌 것 같아

찾아올 친구가 다른 곳에서
헤매는 것은 아닐까

찾는 그 임이 자꾸만 멀리서
방황하는 것은 아닐까

모두가 밝은 내일의 희망을 안고
잠을 청한 이 시간에 말이야

가슴에 멍이 들어 자꾸만 밤이
시커멓게 물들어 가고 있다는데
쉰 호흡이 흰 벽면을 어슬렁거리고
죄 없는 너는 왜 울기만 하니

또, 넌, 참, 못난 놈

빗소리 변조

비스듬한 빗소리의 변조

내가 어찌 다 알 수 있을까마는
궁상각치우 두둥 거림의 시간들

말은 없어도 마음의 여진은
펄펄 뛰는 심장을 뚫은 마그마
파고 높이 너에게로 간다

아직은 바람 없어
애잔하기만 한 태풍의 귀퉁이

네가 무슨 일 저지를지 염려가 되고
풍문으로만 바람의 향방을 가늠한다

너의 발걸음에 비가 내리는 거니

우산은 쓰고 다니는 거지

자꾸만 굵어지는 빗줄기 넘어
비를 맞는 네가 떠오르다 사라지고

어쩌면 비가 좋아
노래 부를지도 몰라
너의 그 하얗던 미소가 보고 싶다

빗속에, 빗속의 시간에

열대야

집요한 너의
끈적이는 유혹
너 앞에서는 무력해지는 나의 긴장

억센 너의 우격다짐에
뜨겁게 달구어지는 이 못난 육신

몇 날 며칠을 하악 거리며
매달리게 하던 너는 곧 떠날 거고
남겨지는 건 나 혼자란 걸 알아

밤으로 피어나는 열락에
또 한 번 이렇게 뜨거워질 수 있지

낮은 낮대로
밤은 밤대로
네 생각만으로도 또 뜨거워지는 밤

반딧불이 생을 엿보며

더위에 늘어진 오늘
무척이나 길었었나요
떠나간 어제는
사랑하기엔 너무 짧았습니다
고로
내일은 얼마나 빠를까요
또 일생이 너무 짧았다 하겠지요
살 같이
쏜 화살은 도돌이 부호가 없어요
가다가 날다가 낙하라지요
낙화 앉은 자리는 무덤이래요
어김없이 바람은 기웃거리고
여름이 비릿한 냄새를 품는 밤
노란 별똥별이 떨어져요
임아, 오늘은
저 반딧불이 생을 읽어봅니다
짧다만 하지 말고 너와 나
행복화 한 송이
피우지 않을래요

스며들다

구깃구깃 구겨진 이력서
맨 마지막 남은 짧은 여백에는
네가 있었으면 좋겠다

늘 이면지에서 끄적이던
낙서 같은 마음 부스러기
네가 가장 좋아한다는 문장

"행복 하자"로 꾹꾹 눌러 채우고

딸리는 어휘로는 전하지 못한
마음의 진심을 모자라나마
조용히, 천천히 담아 갈 수 있게

어둠으로 잠겨버린 밤하늘에
마음의 열쇠로 문을 열어보며
슬며시 미소가 스며드는 이 밤

행복해야 한다, 그대

비와 그리움의 상관관계

바람이 불고

장대비 창문을 흐리고

어쩌지 못하는

마음은 어둠 속에 휘청이고

사람이라

사람일 수밖에 없어

사람이니까

가끔은 일렁거리는 거라지

이 모든 것이

어쩔 수 없는 일이라면

당당히 맞아가며 살아요

3부
너만 좋으면 돼

내 안에 너

꽃잎
날개 접은 무료
때 찾아와 주는 바람의 위로
너는
그 모습 보았잖아

이슬
흠뻑 젖은 풀잎
따사로운 손길로 닦아주는 햇빛
너는
그 정 알고 있잖아

굳이
좋아한다는 말
사랑한다는 말 식상하게 안 해도
너는
내 마음 알고 있겠지

눈물 버금가는 노래

까만 어둠이 밤을 점령하고
끝나지 않은 비를 타고 오는
저 비가는 누구를 위한 노래인가

고요한 심연에 비가 그린 소묘
흐린 물에서도 고고한 척한 위선
연잎의 겉모습을 몰래 사모한
너의 눈물 버금가는 노래는 늘
개굴개굴 한 소절의 연속이었어

아직도 벗어나지 못한 울렁증
적막한 밤을 아프게 헤적이고
아직도 비우지 못한 미련 덩어리
아린 가슴은 방황의 터널 속에

이제 그 노래를 멈추어 다오
못난 연민에 사랑은 잔인하게도
그리움에 지친 초췌한 모습

네 아파하니 나도 따라 아프다

넉넉한 사랑

너는 나에게
나는 너에게

마음 편하게

좋아하는 것을
찾을 게 아니라
싫어하는 것을
안 하는 것이리라

마음 넉넉하게

나는 너에게
너는 나에게

덥석

꿈틀꿈틀 일렁거리는 가슴이라
덥석 흐르는 달을 잡아 봤었어
손가락에 걸쳐지는 거 하나 없이
마디 사이로 스르르 흐르는 거야
태생적으로 움켜쥐는 요람의 버릇
아직도 부지불식 잡으려는 욕망
내 것이 아님은 내 것이 될 수 없듯이
결국은 내 것이 없이 덥석 잡았다가는
또 놓아야 하는 자질구레한 욕심들
늘 그렇게 몰락하고 부활하고
상현에서 보름으로 벅차오르고
하현에서 그믐으로 아릿해하며
마음 한구석에서 피어나는 잔상은
한갓 달무리같이 피었다 지는 것
까만 밤을 지나 먼동이 오는가 하면
달도 달무리도 안개가 가는 길에
흐린 추억이라 몇 자 적어놓고는
무슨 일 있었나 하고 아침을 맞더라
흐트러지는 마음 자락을 덥석 잡아
허튼소리 못 하게 툭 앉혀 놓아야겠다

늘 그랬듯이

냉기류
한바탕 지나야 하고

꽃샘바람도 견디고 나야

그래
그랬다
어느 날 아침 턱 걸터앉은

기다리던 봄은 늘 그랬어

늘 그랬듯이
너도 환하게 웃었지

짧거나 길거나(2월)

아무리 발버둥 쳐도
그래
짧은 건 엄연 사실이었어

삼 년 내리 칠삭둥이라고
미움도 받고 원망도 들어서
나름 늘씬하니 길게 늘려 보았지

흠
안되는 건 어쩔 수 없어
나름 길어졌다고 혼자 생각했는데
결국은 한참을 모자란 꼬락서니

그깟 짧거나 길거나
우리 사이 아무런 상관없잖아

홍매(紅梅)

달빛에
멱을 감는
고즈넉 모습
명화의 한 장면

창문 틈
새는 바람
헐떡인 심장
잠들긴 틀린 밤

가슴이
요동하는
아직은 청춘
매화라 이른다

홍매 너
그냥 슬쩍
왔다가 가는
모습만 보겠다

입춘의 기도

이제 봄이란다
일어나라 봄아

날개 접어 동면하던 봄날아

봄이 왔단다
일어서라 그대야

소리 없이 웅크렸던 그대야

그 겨울의 침묵
깨어나라 달려보자

훨훨 비상의 날개를 펼치자

그까짓

어때요
우리 함께 뛰어 볼래요

저기 오는 행복 맞으러 가요

뭐 어때요
가다가 지치면 쉬기도 하고

그냥 가기 심심하면
우리 손잡고 갈까요

바람이 지나간 뒤의 막간

그대만 좋다면야
그까짓 입맞춤도 한 번 하고요

짜릿하고 달콤하게
그렇게

흠, 흠

흠, 흠
그대가 우표도 없이 보내온
멈칫 열어본 창 곁 바람이 서 있네

멀리서 날아온 남풍이라더니 역시
생뚱맞은 여기 바람이랑은 틀리다

오는 바람은 붉은 바람이라오

이미 백매, 홍매의 유혹이 시작되고
미혹에 빠진 바람 갈팡질팡이라니

음, 음
너로 인해 봄으로 앓는 매화
고이 바람에 담아 보낸 정 고맙소

핑계

술
한 잔을 마셔도
안주는 있어야 해

다만
안주보다 더 중요한 건
핑계가 맛있어야 해

물론
혼자보다는 둘이라야
분위기가 살아나지

꼭
너 같은 사람과 언제
술 한잔하고 싶다

산수유 화담

보았네
오늘에야 보았어

네가 늦게 온 거니

빼꼼히
말도 없이 거기 네 모습

내가 늦게 본 거니

보고 싶은 마음 앞서
새벽으로 달려왔는데

아직 한기 가득한 날

그랬어
인생이 늘 그렇듯이

당구(撞球) 한 판

백(白)
넌 하늘(天)이야
언제나 땅(地)이랑 티격태격이지

황(黃)
너는 땅(地)이지
그러니까 하늘(天)이랑 옥신각신하지

홍(紅)
그대는 해(太陽)인 걸
늘 하늘과 땅이 너를 안고 맴돌잖아

구(球)
사인, 코사인, 탄젠트
삼각함수, 고차방장식이 존재하는 길

한호와 한숨과 웃음이 넉넉한 한 판

너만 좋으면 돼

1.
늦었으면 어때
지금 시작하면 되는 거지
그래그래 너만 좋으면 돼

2.
멀리 있으면 어때
마음 가까우면 되는 거지
그럼 그럼 너만 좋으면 돼

3.
철이 없다면 어때
우리는 늘 부족한 가슴들
그까짓 것 너만 좋으면 돼

4.
두려워하지 마
너와 난 미지의 탐험가
용기를 내 너만 좋으면 돼

높이 날지 말자

너무 높이 날지 말자

무릇 내가 높이 날지 말아야
넓은 주위를 보는 것

비록 낮게 날아 하찮게 보여도
서로의 눈높이 맞추고
동행할 수 있는 것

높이 날았다 자만 하는 순간
이미 보이는 건 다 허공
진실의 모습이 아닌 허상인 것

유독 높이 올랐다 추락하면
몸도 마음도 너무 슬픈 것

우린 너무 높이 날지 말자

버들강아지

보고 싶어 아픔 겨운 그대는 알까
뾰족한 바람의 창을 피하는 방법을

긴 겨울 강이 가는 길을 막아섰어

하얀 눈 덮어쓰고 산 날이 몇몇 날인가
짧은 햇살마저 지나쳐버리는 야속함
잠깐의 낮은 그래도 이겨 낼만 하였지

눈을 감고 웅크린 몸 유린하는 한랭전선
모진 시간의 냉대에 밤을 꼬박 새웠어

금방이라도 너에게로 달려가고 싶어

긴 긴 겨울 속에서 갈무리해 온 사랑
네가 좋아할 멋진 모습으로 일어나
눈 쐐기가 박힌 길을 나선다

추앙하라

봄을 추앙하라
어화둥둥 고운 봄은 어디 있는지

그대 오시나요
오락가락만 하는 너
멈칫 갈팡질팡이라니 봄아

아슬아슬 연분홍 치마
봄바람에 하늘거려야 제멋인데

그대 웃었나요
엉거주춤만 하는 너
엉덩이만 들썩이라니 꽃아

이 환장할 봄인데
봄을 추앙하던 너는 어디 있는가

그대는 꽃

오는 듯
머뭇거리는
계절 앞에서
차가운 시선은 거두고
따뜻한 마음 나누기로 해요

짧지만
남은 햇빛을 사랑하며
찬바람 막아 등지고 서서
행복한 날 함께할 생각입니다

또 한 번
사랑한다는
말 한마디에
괜히 설레이는 가슴앓이
초라한 품 안에 핀 꽃 그대

찬란한 약속

그대 풀색으로 오라
경거망동하지 않는 몸짓
풀색 옷차림으로 오라

해가 뜨면 햇빛 안고 일어나
달이 뜨면 달빛 젖어 잠이 들고

어느 날
낮달이 떴다 하는 날은 그리운 마음
고개 한 번 삐쭉 내밀어도 볼래

오늘은
작은 산새 한 쌍 날아오더니
신방 같은 풀색 둥지를 틀려나 봐

봄이면 단아한 풀색으로
여름이면 싱그러운 풀색으로
가을 오면 숙성한 풀색으로
겨울 오면 인내하는 풀색으로

그대, 가미되지 않은 순수
영원한 풀색으로 나에게 오라

우리 풀색 등 기대어 살자

가난한 사랑

빗살같이
여릿하게 그어진 시간
창틈 사이를 비집어 온 저 달

은은히 번지는 맑은 미소가
너그러움이 가득한 둥금이 좋아

우리의 이 가난한 사랑을 위한
작달막한 촛불이 펄럭이는 한
따뜻한 눈빛으로 지켜보아 주오

행여 길을 잃어 헤매일 때엔
밝은 빛으로 등대가 되어주고

어느 흐린 날
울기라도 할 때
은혜의 손길로 눈물을 닦아 주오

4부
네가 좋다

바람이 분다

내일은
오늘보다 더
널 좋아할 것만 같아

너무너무 좋아서
콧노래 부를지도 몰라

좋아하는 마음, 사랑하는 마음

오가는 길에 춤추는
나뭇잎에 입 맞추고

넘어온 산마루에
너의 이름 새기었어

불어라 바람아, 바람아 불어라

노을이 붉어진 하늘가
들려오는 바람의 노래

내일은
오늘보다 더
널 사랑을 할 거야

네가 좋다

때 묻지 않은
민낯의 아침이 참 좋다

맑은 아침 인사에 환한 미소
주고받는 대화엔 다분한 정

푸르스름 풀 향기 나붓거리고

앞선 걸음에 활기와 열정이
따르는 걸음엔 믿음의 교감

오늘 아침은
사람이 참 좋다, 네가 좋다

가을이라니

비릿한 여름날은 어느새 가버리고
옷깃에 스며드는 바람결 스산하니
단풍잎
붉은 계절에 생각나는 그 사람

바스락 소리 있어 뒤돌아 바라보니
어느덧 기약 없던 가을이라 말을 해
오늘은
그리운 사람 그 사람 오시려나

시 같은 바람 소리 수채화 닮은 풍경
삶의 흔적 불그레 노을 따라 가는 길
불현듯
가을이라니 그리움 가득하다

추(秋)

여름이
머물다 간
빈자리 우두커니

짓누른
무게감에
많이도 힘들었지

그대야
가을 오나 봐
마중 가자 손잡고

지나간 여름의 기억

그 달팽이 무사히
계절의 강을 건너갔을까

솟은 촉수를 스치는 바람은
돌아가야 할 시간을 알려주고

젖은 발바닥에 밟히는 흙은
푸릇한 고향을 일러주는데

느릿한 그 달팽이
지금 어디쯤 가고 있을까

바람의 노래

수없이 돌고 돌다가
긁혀버린 레코드판을 걷는 소리

태초의 그날부터
이어지며 부르는 바람의 노래

태곳적 아픔과 슬픔
빙벽 같은 가파른 어제를 건너며
차디찬 눈물에 얼룩진 가슴
많이도 아팠을 테지

타박타박 돌아온 먼 길
크레바스 같은 낯선 오늘을 오른
환희와 열정으로 뜨거운 마음
많이도 기뻤을 테지

그렇게 모든 음절에
사랑을 더하고 이별을 더하고
수만 번의 변조를 거듭하였어

깃털 사뿐히 나붓거리듯
오늘은 조용한 노래를 불러주렴

계절의 두물머리쯤

지난
어제저녁에는
어깨 흐느적거리던 여름의 강이었어

언뜻
오늘 아침에는
귀밑머리가 서늘한 가을의 강이란다

여름의
강은 저기
비스듬한 뒷모습에 붉은 노을이 젖고

가을의
강은 여기
주름살 파인 이마에 햇살이 웃고 있다

그대여
어디에 있는가
계절의 두물머리에서 안녕을 물어본다

추분(秋分)

당신이
보고 싶어
오는 길 재어보고

이내 몸
갈까 하고
가는 길 재어보니

똑같은
너와 나 사이
해와 달로 만나요

달을 닮은 풍등

당신이 보고 싶은 날
하늘을 바라보았습니다
당신은 달을 닮았고
나는 달 닮은 등 하나 만들겠습니다

당신이 그리운 날
달이 환히 떠올랐습니다
당신이 몹시 반가워서
오늘은 풍등이 기쁨으로 날았습니다

사모하는 이 마음과
보고 싶어 쌓인 그리운 정
접고 포개고 가득 채워서
한껏 당신께 한 점 바람으로 가렵니다

당신 웃고 있나요
활활 타는 가슴 뜨겁게
창공 휘저어 당신에게 가는 길
나는 달빛 속으로 젖어버렸습니다

나는 당신을 닮아요
같은 하늘이라 연결된 소롯길
당신과 나의 유일한 통로이고
이전에 약속한 우리의 참사랑입니다

난 늘 당신을 닮아가는 풍등이랍니다

이렇게 바람 불어 좋은 날에

늦은 계절에 그리운 사람아

이끼 푸릇한 돌멩이가 있고
들꽃이 듬성듬성 피어있는
소담스러운 길을 자분 걸어보자

먼 하늘은 벌써 눈시울 붉히고
보폭은 좁아진 느릿한 시절이란다

들국이 도리질하는 언덕길에서
향기로운 오후의 바람을 안아보자

옹이로 박혀 기생하는 아픈 포자는
한 방울의 눈물로 이별 의식을 하고

가벼워진 가슴으로 바라보는
홍조 띤 노을에 무언의 미소를 보내며
우린 행복해야 한다는 약속을 하자

이렇게 바람 불어 좋은 날에

개밥바라기

복실아
황구야

좀 작작 짖어라

하나밖에 안 남은
그 그릇마저 깨뜨릴라

허기진 등골에 걸쳐진

반짝한다
서쪽 하늘 개밥바라기

배롱나무 아래엔

광기를 부리던 무더위도
한 그루 배롱꽃 나무 아래에선
가빠하던 숨 잠시 멈추더라

여럿 날
야무지게 버틴 허리 꼿꼿하게
비와 바람을 몸살로 견뎌내며
백일의 붉은 사랑을 말하고 싶어

말해 뭐해
노을보다 더 진한 그리움이라
혼자서 그리 붉게 타는 것이리라

무딘 하늘이 웃고 울다가
노을이 검게 물들어 가는 나절
수줍어 못한 말 가슴으로 묻고
잦아진 매미 소리에 고개 떨구더라

생일

보랏빛 들꽃 한 아름 따다가
새벽이슬 젖은 당신의 창가에
고이 꽂아 놓고 싶은 날입니다

당신의 모습이 몹시 그립습니다

잠자는 그대의 고운 숨결
행여나 잠 설칠까 마음 하나만
고이 두고 갈까 합니다

그대 아침을 맞아요
창문을 열어요

선물 같은 오늘 그대 환히 웃어요
사랑받기 위해 태어난 오늘입니다
그대만 위한 사랑으로 축하합니다

들꽃 닮은 가난한 사랑을 드립니다

가을을 알립니다

그대여
가을이 떡하니 온 거 맞죠
구름 가는 가을 언덕에 앉아 봅니다

우리 참 바쁘게 여기까지 왔습니다

보일 듯 말 듯
작은 씨앗에서 움을 틔우고
점점 높아지는 키를 따라
웃고 울고 꽃같이 벙글었습니다

그 기세 드높던 여름도
이제 하직하려 허리를 굽히고
하늘은 왜 높아졌나 모를 일입니다

구름 따라 흐른 세월
세월 따라온 우리 여기
바람이 앉은 가을 언덕에 왔습니다

내려앉는 단풍잎 하나
내 마음도 슬그머니 옆에 앉혀
가을이 왔다고 제일 먼저 알립니다

훨훨

펼쳐라 훨훨 날개야
높이 날아라 너 가고 싶은 곳으로

너의 바람이 무엇이고
너의 꿈은 어디에 있다더냐

별 헤던 그 밤의 언어
우정이 되고 사랑이 되고
한 줌의 시간으론 너무 짧았던 약속

누구인들 아픔이 없으랴
누구라도 다 흘리는 눈물이란다

엉켜진 굴레를 비켜나서
한번 저 하늘도 날아보자

민들레 홀씨 같은 사랑의 포자
그대 가슴에서 다시 발아하련다

이제, 우리, 지금, 여기
굳은 포자낭 훨훨 벗어버리고
햇빛 안은 가슴으로 푸릇 살아가자

비멍

물컹한 여름 장마가 시작이려나
밤새 보채던 어둠이 가시기도 전
가로등 불빛에 하얀 빗금이 그어진다

무언가 가슴으로 밀려오는 저 소리
효과음 하나 없이 열린 자연의 언어
깃털처럼 가벼이 날던 마음들
저 아래로 내려앉으라는 이야기인 듯

하나 내려놓고 또 하나를 비우고
괜한 혼자서의 투정도 걷어버리고
무심히 내리는 저 빗물에 씻어버리자

푸석거리는 삶의 각질에서 묻어난
오만의 날개도 이제는 접어버리고
비껴간 별과 달, 빛을 잃어버린 밤
무덤덤하게 비의 사선에 시선을 준다

마냥 좋은 날

비 그친 바람이 참 좋구나
너랑 이리 바람을 맞을 수 있으니

숱한 날들을 배회도 하며
이리저리 산지사방을 헤매더니
지금, 이 순간 빛바랜 추억으로 온다

강물을 따라 굽이치며 걷다가
넓은 바다에서 파도의 아침을 맞기도

오솔길 따라 건들거리며 노닐다가
산등성이의 가파른 저녁을 맞으며
밤이 주는 고독으로 울기도 하였지

한 치 앞만 찾기에 바빴던 날들

지난 모든 날을 낮은 자리에 앉히고
이렇게 찾아준 바람이 참 고맙다

오늘은 바람이 마냥 좋은 날이다

통점(痛點)

또
시큼한 비가 오려는지
바람이 장단을 맞추고

욱신거리는
통점에서
앓는 하늘이 흘리는 눈물이

가득 찬 비린 슬픔이 비등점을 넘었나

서툰
주름살로 만남은
사선으로 번짐이 더 애틋한

외면하는
시선에서 박힌
오래도록 낡은 통점 하나

여정(旅程)

고요한 밤바다를 노 젓는 시간
등대지기 없는 외로운 등대 하나

희미하게 깜박이는 별빛의 언어
기억 하나로 연결된 외로운 항로

어디쯤 온 것일까
어디까지 가야 하는 것인가
찍히지 않는 좌표 위에서 맴을 돈다

주춤거리며 찾아든 아침을 반기고
좋은 일 있으리라 다짐하는 하루

또 바람은 불고 파고는 높아질 터
저만치 빛이 바랜 오늘이 무겁다

지금까지 잘 왔잖아
어제도 오늘도 그러니 내일도
다시 한번 툭툭 자리 털고 뛰어보자

고맙소

고맙소
고마워요
힘겨운 날들
사랑해 주어서

사랑해
사랑해요
함께한 날들
행복을 주어서

행복해
행복해요
동행할 날들
그대라 고맙소

장미의 가시

고스란히
숨겨놓은 뜨거운 열정
뾰족한 성가심으로 울타리를 친
너의 그 붉은 사랑을 어찌 모르랴

행여 범 무서운 줄 모르는 강아지
혼미해진 정신줄의 둔탁한 발길질에
가시는 불행 중 다행이었어라 생각해

한낮의 태양도 피해 가는 너의 긴장함
간혹 낮은 걸음으로 지나가는 남풍이
한 움큼의 향기만 훔쳐 달아나기도

그리움의
여정에 애타는 오늘인데
지금도 식지 않은 심박수는 여전하고
어찌지 못하는 마음만 붉게 물든다

5부
사노라니

출항

지친 파도가
쉬었다 가는 검은 밤
눈을 감고 푸르스름 꿈을 꾸는 배

하얀 날개를
펄럭이며 나서는 길
넓은 바다를 가르며 떠나는 항해

얼룩진 과거는
어제에 묻었잖아
오늘은 그저 파도에 몸을 싣는다

나만이
알 수 있는 비밀의 항로
나만이
갈 수 있는 너 있는 곳

고요와 평화가
조화하는 먼동에
사랑과 행복이 만선인 배 띄워라

네가 필요해

아침이
기다려진다는 건
또 너의 소식이 궁금해서일 거야

해가 뜨나
비가 오나

분홍 꽃
어우러진 길 걷다가
문득 오늘 너의 옷차림이 생각나

하얀 바지
분홍 남방

들고 온
커피가 식어가는데
진한 향으로 남는 사랑이 필요해

그대랑

여름이 부른 날엔 바다로 달려가자
푸르른 파도 소리 노래로 들려와요
그대랑 하얀 백사장 고운 추억 그려요

겨울이 찾는 날엔 산으로 올라가자
단풍잎 속삭임에 별들이 쏟아져요
그대랑 손을 맞잡고 고운 사랑 엮어요

꽃비 내리는 날

오늘은 바람이
옷이 젖지 않는 비를 내린다

잊어버린 건 아닌데
잃어버리고 있던 사랑의 자리
오늘은 우리가 되어 앉아 보자

네가, 내가 아니라
이제는 단연코 우리여야 해

꽃이 쏟아진다
분홍 비가 내린다
꽃이 비가 되어 내린다

우리가 비워놓았던 자리
우리 서로 어깨를 기댄 채
물든 가슴 마주하여 비를 맞자

꽃비가 흠씬 마음 적시는 날에

등

청춘의 살점들이 뜯겨져
낱낱이 먼지가 되어버리고
지금은 앙상한 등뼈만 도사린
지난가을에 쓰다만
낡은 시 같은 낙엽 한 장

왜 하필
발 등에서 서성거리나
네가 어찌 나의 오늘을 알았더냐

버거웠던 하루의 행로에
비릿한 심해의 향수가 그리워
등 발라놓은 하얀 고등어 가시
날렵한 카드가 해결하고
돌아서 벗어던진 오늘을

누가 보고 있나요
난 내 등을
한 번도 본 적 없는데

난독증

노란 유채꽃이 피었다 하고
매화는 벌써 지고 있다는 전언
산등성 불태우는 진달래는 또 어떻고

아니 뒤 풀 무덤에는 꽃보다 향기가 더
진동한다는 얘기가 밤길을 데웠어

코앞에 간드러지는 저 꽃 뭉텅이는
질펀하게 넘쳐흐르는 앞산의 붉음은
내 눈에는 모두가 온통 꽃이고 봄인걸

새벽이 홰를 치며 버스가 출발하고
소란스러운 소리는 저 뒷전으로 밀리고
길 건너 기차역에도 개찰구를 열었다

버스는, 기차는 봄을 향하여 달린단다
앞지른 바람을 따라 길을 나서는 일

봄은 읽어도 읽어도 도통 모를 일이다

환장

봄이라
봄은 늘 거기에 있는데

네 안에
꽃이 피고 잎이 푸르러진다 하고

넌 벌써
저 멀리 봄을 찾아 나선다 하고

라일락
꽃향기 중독증이 온 혼미한 약속

에헤야
또 환장할 봄이로구나

소식

담장을
넘어오는
연둣빛 고운 봄에

까무룩
잊히었던
분홍빛 님의 소식

그대여
오는 봄날은
아름으로 맞겠소

바람의 상흔(傷痕)

바람이 분다
꽃잎이 진다

모두가 봄이라 하고
봄이라 하여 꽃이 피었다 하니
또 바람은 예전처럼 불고 있었다지

하루도 놓칠 수 없는 마음길
이리저리 동분서주로 바쁜 걸음
오지도 않는 너 찾아 칭얼거리다가

그냥 지나가던 길이였노라
풍문의 인사 예의 차 갔었노라
하얀 변명 하나둘 더 늘어놓았을 테지

모두가 봄이 간다고 하고
오늘이 지나간 자리에 남은 건
상처투성이 꽃잎 지쳐 쓰러졌단다

"나 보기가 역겨워 가시는 길에"
소월님의 시가 노래 되어 울리는데
옛정을 잊지 못하는 바람은 여전하다

불어라 바람아
꽃이야 지던 말던

어떤 약속

나의 이 작은 날개로
천 번의 파닥거림이라면
네게로 갈 수 있을까

내 자그마한 두 손 모아
천 일의 기도로 애원한다면
내게로 올 수 있으려나

삼백예순다섯 날 지나
천 날을 고스란히 기다린다면
그때는 볼 수 있겠지

햇살 부서지는 그 언덕
천 년의 약속을 심고 있다면
그 마음 알 수 있잖아

울렁증

수줍은
봄바람에
울렁증 도지겠다

연노랑 꽃다지들
꽃 대궐 잔치판에

몹쓸 것
꽃샘추위는
눈치코치 없구나

오지게도 피었다

저기
꽃 한번 흐드러지게 피었다
아침이 환해지더니 눈이 부시도록

아직은 부침이 있다는 사람
그 사람 너무 닮아 실눈으로 찡긋
기다림이 그리움으로 자라 웃는다

정 하나 따뜻하게 가슴에 담아
몇 날 며칠 밤은 진정 행복할 수 있어

화들짝 그리움에 붉어진 매화
진심 담은 고백으로 사랑이 오가는데
올여름 매실 농사 풍년이겠다

그대
봄날은 행복한 시절 앓이
그 가슴 밭에 오지게도 피었다

꽃이 피었다

바람이 분다

눈이 내리더니 비가 왔다

이 비 그치고 저 하늘에
고운 무지개 걸렸으면 좋겠다

빨주노초파남보
무지개 폭죽 터지는 가슴팍에
봄꽃 폭발하겠다

그대 부풀어 오른 날숨에
비에 묻은 푸른 비린내가 난다

은갈치 유희 봄이 왔다

꽃이 피었다

봄 사용법

오늘이 기우뚱
기울기를 한다
따라 한 주가 강물이 흐르듯

역시 한 달이 후다닥 부산스러워

내가 해야 할 일이 무엇이고
한 일이 무엇인지 바쁘게 명멸하고

만나는 사람 모두가
봄이 좋다, 봄이니까 뭐해

그래 봄을 어떻게 사용해야 할까

배워두지 않은 바보
봄 사용법을 모른다는 얼간이

봄은 저만치 오고 있는데
또 기어이 가고는 말 봄인데

그냥은 보내기 싫어 서운할 건데

올해도 그냥
멀뚱멀뚱하게
기다리다가는 보내야 할 것 같아

사노라니

우리
사노라니 이런 날 많았지요

봄이 오면
눈자라기 꽃들의
하얀 웃음을 따라 하는 날이

여름날엔
조금의 노출쯤은
계절 탓이라 우겨도 좋은 날을

가을에는
바람 소리 사이로
꼭 낙엽 구르는 소리 있던 날을

겨울이면
나가기 싫어도
괜히 밖이 몹시 궁금한 날이

그대도
사노라니 그런 날 많았다지요

오늘 아침은

무대가 끝난 후
텅 비어버린 객석에
촉수 높은 조명이 커졌나요

헝클어진 객석 사이 계단에는
촉촉해진 손수건 한 장 덩그러니
가버린 그 사람 기다리고 있나요

열광의 커튼콜은 지나갔어요

철썩이던 파도가
썰물 되어 가버린 새벽
밝고 맑은 아침 해가 빛나나요

파도가 빗질한 모래사장에
밤을 사른 어지러움증 내려놓고
아직도 내 이름 기억하시나요

당신을 위한 아침을 준비할까요

사랑합니다

햇살 한 줌
내려앉은 아침 창

밝고 고운 새날이랍니다

그대
아쉬운 어제는

이제 바람결에 날려버리고

오늘 지나
오는 내일에는

우리 더 따뜻한 사랑을 해요

장미의 세레나데

여름이 늘어진 오후의 하품
슬그머니 고개 내밀어 곁눈질
설마 모르리라는 비밀 사랑꾼

이른 아침에 안부를 놓고
반짝이는 별밤의 창을 두드리며
월담하는 네 마음이야 다 알지

가슴에 싹이 돋은 붉은 연심
주체할 수 없는 마음이 자라서
그리움 따라가는 검붉은 넝쿨

밤새 창문 기대어 일렁이다가
아침 이슬 함초롬히 받아안고서
또 낯선 하루라 눈망울 반짝인다

달의 부활

하늘이 밝았다

눈의 덫에 걸린
창백한 얼굴
둥근 달이 웃었다

달이 부활한 날

만삭의 아내가
생각나는 일
그런 청춘도 있었다

하얗게 웃었다

몰래 끼워 넣은 문장

너에게 주려고

덥다
시원해
여름의 언어들을
주섬주섬 주워 담다가

그냥
사랑해
주고 싶은 문장을
남몰래 끼워 넣었어

찾을 수 있겠지

신희목 제5시집

달을 닮은 둥둥

초판 발행일　2024년 10월 22일

　지은이　신희목

　펴낸이　양상구
웹디자인　김초롱
　펴낸곳　도서출판 채운재
　　주소　우) 01314 서울시 도봉구 시루봉로 15라길 38-39 301호
　　전화　02-704-3301
　　팩스　02-2268-3910
　H · P　010-5466-3911
　E-mai　ysg8527@naver.com

　　정가　12,000원
　　ISBN　979-11-92109-79-4(03810)

@신희목 2024
* 이 책은 저작권법에 따라 보호받는 저작물이므로 무단전재와 무단 복제를 금지하며 이 책의 내용 전부 또는 일부를 이용하려면 반드시 저작권자와 도서출판 채운재의 동의를 받아야 합니다
* 파손 및 잘못된 책은 구입처에서 교환해 드립니다